BULLETIN OFFICIEL
DE
L'ILE DE LA RÉUNION.
(N° 49.)

AVRIL 1862.

N° 1093. — *DÉPÊCHE ministérielle au sujet de la correspondance avec les colonies françaises par la voie de Suez.*

Paris, 6 Février 1862.

Monsieur le Gouverneur,

La Direction générale des postes m'a informé que, dans le but d'éviter les erreurs qui se produisent fréquemment dans le travail des dépêches formées par les bureaux ambulants de la ligne de Lyon à Marseille pour les bureaux coloniaux des établissements français dans l'Inde, de Mayotte, de la Réunion et de la Nouvelle-Calédonie, des mesures viennent d'être prises à l'effet de faire comprendre toutes les correspondances expédiées par la voie anglaise, à destination des colonies, dans les dépêches du bureau de Marseille.

En conséquence, les bureaux coloniaux ne recevront plus désormais les correspondances de France acheminées par la voie de Suez que dans les dépêches du bureau de Marseille; celles du bureau ambulant de Lyon à Marseille seront supprimées.

Toutefois, les bureaux d'échange coloniaux continueront d'expédier leurs dépêches closes à l'adresse du bureau ambulant de Marseille à Lyon qui fournira, comme par le passé, des accusés de réception. Ces pièces seront transmises par l'intermédiaire du bureau de Marseille.

Je vous prie de notifier cette disposition aux agents des postes placés sous vos ordres, et de leur faire remarquer qu'elle ne donne lieu, de leur part, à aucun changement dans leurs opérations pour l'expédition des correspondances à destination de France.

Recevez, Monsieur le Gouverneur, l'assurance de ma considération très distinguée.

Le Ministre de la Marine et des colonies,

Pour le Ministre et par son ordre :

Le Conseiller d'État, Directeur des colonies,

Baron de Roujoux.

N° 1094. — *DÉPÊCHE ministérielle du 10 février 1862, n° 777 (Administration des Invalides : — Bureau central), au sujet des renseignements à porter sur les bordereaux des recettes faites au service Gens de mer.*

Monsieur le Gouverneur,

L'Administration centrale des Invalides, où viennent se centraliser tous les versements faits dans les colonies pour le compte des marins et des divers agents appartenant à la Marine, s'occupe activement de rechercher les titulaires ou ayants-droit aux sommes qui se trouvent en dépôt dans la caisse centrale des Gens de mer.

L'absence d'indications suffisantes pour découvrir les dits marins et autres pour lesquels des versements ont été faits à la Réunion, met souvent l'Administration centrale dans l'impossibilité d'aller au devant des réclamations qui se produisent.

Dans l'intérêt des ayants-droit, et afin de pouvoir imprimer ici, à cette partie du service, toute la célérité désirable, je vous prie de recommander à l'Administration coloniale de fournir, plus exactement que par le passé, à l'appui des mandats de recette Gens de mer, qui accompagnent la comptabilité du Trésorier des Invalides, tous les renseignements nécessaires.

Recevez, Monsieur le Gouverneur, l'assurance de ma considération très distinguée.

Le Ministre de la Marine et des colonies,
Comte P. DE CHASSELOUP-LAUBAT.

N° 1095. — ***DÉPÊCHE** ministérielle notifiant un décret concernant le personnel des douanes.*

Paris, le 14 Février 1862.

Monsieur le Gouverneur,

Aux termes des ordonnances des 25 octobre 1829 et 16 avril 1837 concernant l'organisation des douanes coloniales, les fonctionnaires et agents des douanes servant aux colonies ne peuvent être admis à prendre rang avec leur grade dans le personnel des douanes de France, qu'autant qu'ils ont été employés pendant 5 ans dans ce grade ; ils sont en outre exclus des fonctions de directeur et d'inspecteur, qu'il avait paru utile de réserver, en principe, à des fonctionnaires envoyés de la Métropole.

J'ai été à même d'apprécier les inconvénients auxquels donnent lieu, dans la pratique, ces dispositions restrictives, et M. le Ministre des finances, à qui j'ai fait part de mes appréciations à ce sujet, a reconnu également qu'il y avait lieu d'assurer aux employés des douanes certaines garanties.

soit pour leur avancement aux colonies, soit pour leur placement en France.

J'ai soumis en conséquence à la signature de Sa Majesté un décret qui a pour objet de garantir, sous certaines conditions, aux employés des douanes coloniales, leur placement en France, et de les admettre aux fonctions de directeur et d'inspecteur. Vous trouverez ci-jointe une copie de cet acte dont je vous prie de vouloir bien faire donner communication au chef du service des douanes.

Je vous adresserai prochainement les instructions que comporte l'exécution de ces nouvelles dispositions.

Recevez, Monsieur le Gouverneur, l'assurance de ma considération très distinguée.

Le Ministre de la Marine et des colonies,
Comte P. DE CHASSELOUP-LAUBAT.

N° 1096. — *CIRCULAIRE ministérielle du 16 février 1862, n° 55, reçue par Suez le 1er août 1862, portant autorisation d'ouvrir un concours pour le grade d'aide-commissaire dans le service colonial.*

Monsieur le Gouverneur,

J'ai décidé qu'un concours pour le grade d'aide-commissaire de la marine aurait lieu aux colonies en 1862. Il devra s'ouvrir, dans chaque colonie, deux mois après la réception des pièces jointes à la présente circulaire.

Je vous adresse ci-inclus un paquet contenant :

1° Deux questions d'administration destinées à être traitées par écrit ;

2° Un sujet de version anglaise et espagnole ;

3° Un sujet de thème anglais et espagnol.

Je vous prie de m'accuser réception de la présente dépêche et vous recommande de vous conformer aux dispositions du dernier paragraphe de l'article 3 de l'arrêté du 29 octobre 1853, qui prescrit de me faire connaître, aussitôt que possible, si le concours a ou n'a pas lieu.

La liste des candidats au grade d'aide-commissaire de la marine dans le cadre du service colonial, pour les années 1863 et 1864, sera établie d'après le résultat du concours de 1862; il est donc nécessaire que les pièces devant servir à ce classement définitif, me soient adressées par la voie la plus prompte. Je vous prie de vouloir bien y pourvoir.

J'ai décidé que les dispositions transitoires, adoptées pour les concours de 1854, 1856 et 1858, seraient maintenues pour le concours de 1862. En conséquence, seront admis à concourir, après qu'ils en auront fait la demande: 1° les commis de marine ayant complété deux années de service le jour de l'ouverture du concours; 2° les commis de marine qui compléteront à la même date le temps de service qui leur manque dans cet emploi, par un temps de service double en qualité d'écrivain; 3° les écrivains de marine ayant complété, à la même date, quatre années de service. Le temps de service colonial sera compté, pour les commis et écrivains envoyés d'Europe, à raison de la moitié en sus de sa durée.

Les derniers concours du service colonial ont révélé une grande faiblesse chez la plupart des candidats qui ont concouru, et il est indispensable de voir se relever le niveau des connaissances générales qui sont à rechercher dans l'intérêt de l'Administration de la Marine aux colonies. Les commis et écrivains ne sont pas assez pénétrés de la nécessité de se préparer, par des études bien dirigées, au rôle qu'ils doivent remplir un jour dans l'ensemble de l'Administration. Je vous invite à stimuler le zèle de ces jeunes gens pour le développement de leur instruction, et j'aime à penser qu'une recommandation générale faite en mon nom produira des effets appréciables.

Si les concours continuaient à être aussi faibles, il ne me resterait plus qu'à aviser à un autre moyen de recruter le Commissariat de la Marine aux colonies.

Je vous prie, d'un autre côté, de recommander aux membres du Jury pour l'admission des écrivains, de se montrer justement difficiles sur le choix de ces employés qui constituent jusqu'à présent la seule pépinière dans laquelle le corps peut se renouveler.

Le dernier Jury central de classement à Paris a relevé, dans le concours pour le grade d'aide-commissaire, de notables différences entre les appréciations locales faites sur les examens oraux et celles qu'il a faites lui-même sur les compositions écrites qui lui ont été soumises. Il a remarqué également une tendance des chefs de service à donner des points élevés dans leurs notes sur les candidats qui se présentent au concours. J'attends des examinateurs locaux et des chefs de service qu'ils s'attacheront de plus en plus à formuler leurs opinions avec une scrupuleuse et équitable modération, afin d'assurer le choix le plus juste possible des concurrents les plus capables et les plus zélés.

Recevez, Monsieur le Gouverneur, l'assurance de ma considération très distinguée.

Le Ministre, Secrétaire d'État de la Marine et des colonies,

Pour le Ministre et par autorisation :

Le Conseiller d'État, Directeur des colonies,
Baron DE ROUJOUX.

N° 1097. — *DÉPÊCHE ministérielle relative aux lettres des colonies à destination du Brésil.*

Paris, 16 Février 1862.

Monsieur le Gouverneur,

Dans une de nos colonies, on a élevé la question de savoir si les lettres originaires des colonies, et à destination du Brésil doivent, à défaut d'occasion directe, passer par l'intermédiaire d'un correspondant, soit en France, soit en Angleterre.

Il résulte des informations prises à la Direction générale des postes, qu'aux termes de l'article 4 de la convention conclue entre la France et le Brésil, le 7 juillet 1860, les lettres de nos possessions d'outre-mer pour ce dernier pays, expédiées en dépêches closes pour la France, sont comprises dans les dépêches faites par l'Administration des postes à destination de Rio Janeiro, sans qu'il soit nécessaire de recourir à un correspondant.

Recevez, Monsieur le Gouverneur, l'assurance de ma considération très distinguée.

Le Ministre de la Marine et des colonies,

Pour le Ministre et par son ordre :

Le Conseiller d'État, Directeur des colonies,

Baron de Roujoux.

N° 1098. — *DÉPÊCHE ministérielle portant approbation de l'arrêté de réorganisation du service de la Police.*

Paris, 24 Février 1862.

Monsieur le Gouverneur,

J'ai trouvé, joint à votre lettre du 7 janvier dernier, n° 54, le numéro du *Journal officiel* de la Réunion où a été inséré l'arrêté que vous avez rendu en Conseil privé, le 27 décembre précédent, pour réorganiser le service de la police dans la Colonie.

Je vois, par les considérants de cet acte et par le rapport de M. le Directeur de l'Intérieur, qui accompagnait également votre lettre, que la réorganisation du service dont il s'agit, en répondant aux vœux du Conseil général, a eu pour but de prévenir dorénavant, de la part des agents, toute concession dans l'application des règlements sur la matière et d'augmenter les moyens de surveillance que réclament les besoins de la Colonie, en constituant plus fortement que par le passé la police locale.

Les dispositions de votre arrêté, qui s'appliquent à l'établissement d'un Commissaire central inspecteur et qui relient à l'autorité de ce fonctionnaire trois commissaires principaux institués à Saint-Paul, Saint-Pierre et Saint-Benoit, paraissent justifiées par les considérations qui les ont dictées. Il en est de même de celles qui sont relatives aux commissaires de police de sûreté, aux commissaires de canton et de commune, aux commissaires de police adjoints, aux adjudants brigadiers, comme des autres dispositions qui déterminent les attributions des fonctionnaires et agents de ce service.

Je n'objecterai rien, malgré son élévation, contre le taux des traitements alloués au personnel de la police, ainsi qu'aux agents du service actif. Sans doute, on a jugé comme indispensable, pour constituer une organisation sérieuse, l'augmentation de bien-être qui doit dès à présent en résulter pour tous, jointe à l'expectative d'une pension de retraite après 25 ou 30 ans de service effectif, suivant que le fonctionnaire aura été ou non envoyé de France (loi du 18 avril 1831, art. 1er et 24). Ce seront, en effet, de puissants stimulants pour le zèle de chacun, et dès lors un profit réel pour la Colonie ; à ce point de vue, la dépense de

327,040f., qui, d'après le vote du Conseil général, figure au budget local de 1862, pour le service de la police à la Réunion, peut n'offrir au fond rien d'exagéré.

Recevez, Monsieur le Gouverneur, l'assurance de ma considération très distinguée.

Le Ministre de la Marine et des colonies,

Pour le Ministre et par son ordre :

Le Conseiller d'État, Directeur des colonies,

Baron DE ROUJOUX.

N° 1099.—*DÉPÊCHE ministérielle portant approbation de l'arrêté du 27 décembre 1861, qui élève les droits d'Enregistrement.*

Paris, 26 Février 1862.

Monsieur le Gouverneur,

Par lettre du 7 janvier dernier, vous avez soumis à mon approbation un arrêté que vous avez rendu, le 27 décembre 1861, en vue d'élever le tarif des droits d'Enregistrement résultant de l'ordonnance organique du 19 juillet 1829 qui a établi cet impôt à la Réunion.

Les considérations que vous avez développées pour justifier la légalité de cette mesure sont fondées sur l'article 13 du sénatus-consulte du 3 mai 1854. C'est donc par une juste application des pouvoirs qui lui sont attribués par la législation en vigueur, que le Conseil général de l'Ile de la Réunion a voté l'augmentation des droits d'Enregistrement.

En rendant exécutoire, par votre arrêté du 27 décembre, le vote du Conseil général, vous n'avez fait qu'appliquer à la Réunion des dispositions analogues à celles qui ont été mises en vigueur, en 1855 et 1856, par les Administrations de la Martinique et de la Guadeloupe, sur l'instigation et avec l'approbation de mon département.

J'approuve en conséquence l'arrêté dont il s'agit. J'appellerai toutefois votre attention sur le § 4 de l'article 1er, par lequel les actes soumis au droit de 75 centimes, en vertu de l'ordonnance de 1829, sont élevés au taux de 1 franc qui est déjà destiné par le § précédent à remplacer le droit de 50 centimes perçu sur certains actes aux termes de l'ordonnance précitée.

Je vous serai obligé de me faire connaître si ce droit de 1 franc est commun désormais à ces deux catégories d'actes, ou bien s'il ne figure au § 4 que par suite d'une erreur typographique, comme je serais disposé à le penser. Le chiffre de 1 f. 50 me paraîtrait en effet plus rationnel et plus en harmonie avec l'économie des nouveaux tarifs qui sont doubles des anciens.

J'ai trouvé, joint à votre lettre, l'exposé des motifs adressés au Conseil général par M. le Directeur de l'Intérieur, à l'appui du projet de révision des droits de l'Enregistrement. Il résulte de cette pièce que vous aviez compris dans votre projet d'arrêté, à soumettre au Conseil général, l'assimilation des droits du Timbre à ceux de France.

L'arrêté du 27 décembre ne s'occupant que de l'élévation des tarifs de l'Enregistrement, je vous prie de me faire connaître si les propositions relatives au Timbre ont également été adoptées par le Conseil général de la Colonie, et sont l'objet d'un arrêté spécial, ainsi que cela me semble ressortir de l'augmentation des recettes prévues au budget de cette année, pour le service dont il s'agit.

Cette mesure, qui a déjà été prise au Sénégal et à la Guadeloupe, me paraîtrait très avantageuse, et compléterait la série des actes qui dénotent le bon esprit dont le Conseil général de la Réunion a fait preuve pendant le session de 1861.

Recevez, Monsieur le Gouverneur, l'assurance de ma considération très distinguée.

Le Ministre de la Marine et des colonies,
Comte P. DE CHASSELOUP-LAUBAT.

N° 1100. — *DÉPÊCHE ministérielle relative à l'exécution du décret du 8 février 1862, concernant le personnel des Douanes.*

Paris, 26 Février 1862.

Monsieur le Gouverneur,

Je vous ai transmis, sous la date du 14 de ce mois, copie d'un décret concernant le personnel des Douanes coloniales.

L'article 1er fixe à 5 années la durée du temps pendant lequel les fonctionnaires et agents des Douanes doivent servir aux colonies, pour avoir droit à être placés en France avec leur grade. Il doit être entendu que le bénéfice de cette disposition sera acquis seulement aux employés qui compteront 5 années de service effectif aux colonies, et qui par conséquent n'auront joui pendant cette période d'aucun congé hors de la Colonie. La durée des congés, de quelque nature qu'ils soient, et des traversées d'aller et de retour, lorsque l'employé quittera la Colonie, ne sera pas comptée comme temps de service effectif.

Vous devrez, en vue de cette disposition, me transmettre chaque année, avant le mois d'août, les demandes des employés qui se trouveraient en mesure d'obtenir leur placement en France, afin qu'elles puissent être transmises en temps utile à la Direction générale des Douanes.

Quant aux fonctionnaires ou agents qui se trouveraient dans la nécessité de demander leur rappel dans la Métropole pour raison de santé, conformément au § 2 de l'article 1er, les demandes qu'ils vous adresseront à cet effet, devront me parvenir, soit isolément, soit en même temps que l'envoi collectif dont il vient d'être fait mention, selon le degré d'urgence qu'elles comporteront; chacune de ces demandes devra être accompagnée d'un certificat médical constatant de la manière la plus explicite : 1° que l'employé à qui il s'applique, est atteint de maladies ou d'infirmités qui le mettent dans l'impossibilité de continuer utilement son service aux colonies; 2° que les dites maladies ou infirmités sont de nature à compromettre gravement sa santé au cas où il continuerait à servir aux colonies; 3° qu'un séjour prolongé en France est indispensable au rétablissement de sa santé. Il y a lieu de penser que l'Administration des Douanes fera soumettre à une nouvelle visite les employés qui seraient remis à sa disposition pour motif de santé; cette raison me dispenserait d'insister, s'il en était besoin, sur la nécessité d'apporter la plus grande réserve dans les constatations dont il s'agit.

Les fonctionnaires ou agents des Douanes coloniales qui seront admis dans le service métropolitain avant l'expiration du terme fixé au § 1er de l'article 1er, ne pourront prétendre d'une manière absolue à une position équivalente à celle qu'ils occupaient aux colonies. Cette disposition est fondée sur ce que les employés qui sont envoyés de France pour servir aux colonies, obtiennent en général un avancement extraordinaire en entrant dans le service colonial; on a par suite jugé convenable de réserver à l'Administration des Douanes le soin d'apprécier dans quelle mesure ces avantages doivent être conservés à ceux qui n'ont pas entièrement accompli la durée réglementaire du temps de service aux colonies.

Les garanties qui sont assurées aux employés des Douanes pour leur placement en France, seraient toutefois de nature à créer de graves embarras, si le bénéfice pouvait en être revendiqué d'une manière absolue et sans autres restrictions que celles résultant de la condition d'un certain temps de service ou d'incapacité physique; leur admission en France doit évidemment rester subordonnée à la situation du cadre du personnel métropolitain. C'est pour prévenir tout abus à cet égard, que le décret a admis les agents du service colonial à participer dans une proportion déterminée aux emplois qui deviendraient vacants, soit en France, soit en Algérie. Cette proportion a été fixée à 5 % pour les emplois du service administratif, et à 2 % pour les emplois du service actif.

Mais afin que le placement en France de ces derniers agents ne soulève aucune difficulté, il est indispensable que les Directeurs des Douanes se conforment strictement aux règles suivies dans la Métropole pour l'admission dans le service des brigades des agents nommés par eux.

Bien que ces nouvelles dispositions aient été adoptées plus particulièrement en vue de faciliter le retour en France des fonctionnaires et agents qui, avant de servir aux colonies, appartenaient au cadre métropolitain, il n'y a aucune raison pour en refuser le bénéfice aux employés qui n'ont été appelés à servir qu'aux colonies; il y aurait même, aujourd'hui que le tarif des Douanes de France est appliqué à certaines de nos possessions, un intérêt réel à ce que, dans le cours de leur carrière, ces employés fussent attachés temporairement au service métropolitain, et pussent acquérir ainsi les connaissances que comporte le nouveau régime commercial auquel les colonies sont soumises.

Il doit être bien entendu que les employés qui auront demandé à rentrer en France ne devront être autorisés à quitter leur poste, qu'après l'arrivée de leur remplaçant, à moins toutefois que des circonstances exceptionnellement graves ne nécessitent leur départ immédiat ; vous voudrez bien tenir la main à ce que cette recommandation ne soit pas perdue de vue.

L'article 4 du décret a pour effet d'abroger la disposition des anciens règlements, qui excluait les employés des Douanes coloniales des fonctions d'Inspecteur et de Directeur. Bien que cette disposition n'ait jamais été appliquée d'une façon absolue, elle n'en produisait pas moins une impression fâcheuse de nature à jeter le découragement parmi les agents dont l'avancement pouvait à la rigueur être limité au grade de sous-inspecteur.

L'application du décret du 8 février aura pour résultat, d'une part, de rendre beaucoup plus rares que par le passé les concessions de congé de longue durée, et d'autre part, de débarrasser le cadre colonial des employés qu'un séjour trop prolongé aux colonies a rendus incapables de rendre de bons services. Dans cette situation, il sera possible sans doute d'apporter certaines réductions dans l'ensemble du personnel colonial, ou, tout au moins, de renoncer à des augmentations que viendrait à suggérer le développement des importations et des exportations. Je dois signaler d'ailleurs à votre attention la nécessité d'obtenir une réduction de quelque importance dans le chiffre des dépenses, afin que le règlement que prépare actuellement mon Département, dans le but d'élever les traitements au taux normal, puisse recevoir son exécution sans qu'il soit nécessaire d'accroître le chiffre des crédits. Je vous invite donc à m'adresser éventuellement des propositions, en ce qui concerne les fonctionnaires et employés qui rempliraient, au 1er janvier prochain, les conditions voulues pour être admis à faire valoir leur droit à la retraite.

Recevez Monsieur le Gouverneur, l'assurance de ma considération très distinguée.

Le Ministre de la Marine et des colonies,

Pour le Ministre et par son ordre :

Le Conseiller d'État, Directeur des colonies,

Baron de ROUJOUX.

N° 1101. — *CIRCULAIRE ministérielle du 7 mars 1862, relative aux mémoires de proposition pour l'admission à la retraite des agents coloniaux.*

Monsieur le Gouverneur,

Diverses Administrations locales ont fait récemment parvenir à mon Département des mémoires de proposition pour l'admission à la retraite de fonctionnaires et agents coloniaux.

Ces envois m'ont donné lieu de remarquer que les mémoires dont il s'agit ne contenaient pas toujours, de la main de l'intéressé, la déclaration attestant l'exactitude du relevé de ses services, conformément aux dispositions de la circulaire ministérielle du 31 octobre 1850. Cette omission nécessitant le renvoi des pièces dans la Colonie et entraînant, par suite, des retards regrettables, je vous invite à pourvoir à ce que les mémoires de proposition pour l'admission à la pension de retraite contiennent toujours le certifié dont il s'agit.

Le Ministre de la Marine et des colonies,

Pour le Ministre et par son ordre :

Le Conseiller d'État, Directeur des colonies,

Baron DE ROUJOUX.

N° 1102. — *Le Ministre, aux Préfets maritimes, Commissaires généraux et Chefs du service de la Marine, Commissaires de l'Inscription maritime (Direction des invalides : Bureau des invalides et des pensions).* — (Circulaire n° 279).

Paris, 31 Octobre 1850.

Observations sur les pièces à joindre aux propositions de pensions.

Messieurs, l'examen des pièces mises à l'appui des propositions de pensions a donné lieu de remarquer que ces pièces laissaient à désirer sous plus d'un rapport : ainsi, dans un grand nombre de quartiers, les certificats destinés à établir qu'il n'y a pas eu de séparation de corps entre les époux, sont dressés en termes si vagues, qu'il peut y avoir doute sur le fait principal.

Dans d'autres ports, les pièces produites présentent entre elles des différences quant à la manière d'écrire les noms et prénoms, sans que rien au dossier, ou dans la proposition, explique ces différences.

Il est aussi des quartiers où, sans tenir compte des recommandations contenues dans la circulaire imprimée du 22 juin 1849, *Bulletin officiel* 1849, n° 15, art. 155, page 349, on se borne à indiquer la classe du grade dont le marin est titulaire, au lieu de mentionner la paye qui y est attachée, comme cela devient nécessaire lorsque cette paye sert de base à la pension.

Dans quelques ports, les mémoires de proposition à la pension de retraite ont été formulés sans le concours des parties intéressées : de là ont surgi un grand nombre de réclamations, lorsque les nouveaux pensionnaires, en recevant leurs brevets, reconnaissaient des omissions, soit dans le service effectif, soit dans les bénéfices de campagne, et, par suite, l'obligation, pour l'Administration centrale, de refaire les liquidations en passant de nouveau par tous les degrés d'examen.

Pour prévenir ces divers inconvénients, j'ai arrêté: 1° que les certificats de non-divorce et de non-séparation de corps seraient conformes au modèle ci-joint, lequel est adopté dans un grand nombre de localités maritimes;

2° Qu'à toute proposition de pension dont les pièces présenteraient des différences, soit dans l'orthographe des noms, soit dans le nombre des prénoms ou dans l'ordre qui leur appartient, il serait joint un certificat d'identité délivré par le Commissaire aux Revues du port proposant, s'il s'agit d'une pension de retraite, ou par le Commissaire de l'Inscription maritime, si la proposition est relative à une pension à régler d'après la loi du 13 mai 1791. Les différences seront, en outre, expliquées sur le mémoire de proposition.

Dans le cas où ces administrations ne se croiraient pas suffisamment renseignées sur l'identité de la partie, ils lui demanderaient de rapporter un certificat émanant des autorités qui sont indiquées dans le Manuel des pensions de l'armée de terre (format in-8°, page 33, note 1re);

3° Que, dans les mémoires de proposition à une pension dont la fixation a pour base la solde attribuée au grade, cette solde sera toujours indiquée, ainsi que le prescrit la circulaire du 22 juin 1849;

4° Que les mémoires de proposition à la pension de retraite seront toujours accompagnés d'une déclaration signée de la partie intéressée, constatant que le dit mémoire présente tous ses services. (1)

Dans le cas où la personne proposée ne saurait ou ne pourrait signer, le chef du service duquel elle relève certifiera que la dite déclaration lui a été faite par l'ayant-droit.

(1) Voir la page 33, édition in-8°, 2e section, 4e paragraphe, du Manuel des pensions de l'armée de terre.

Je recommande la stricte observation des règles ci-dessus prescrites.

Recevez, etc.

ROMAIN DESFOSSÉS.

N° 1103. — *DÉPÊCHE au sujet de l'augmentation du capital des banques coloniales.*

Paris, le 7 Mars 1862.

Monsieur le Gouverneur,

Mon Département a été saisi récemment d'une demande formée par l'Assemblée générale des Actionnaires de la Banque de la Guyane, et tendant à obtenir que le capital de cet établissement fût augmenté dans une certaine proportion. L'examen de cette demande a donné lieu de ma part à diverses observations qui se trouvent consignées dans une dépêche dont vous trouverez ci-joint copie ; vous voudrez bien en donner communication à M. le Directeur de la Banque en l'invitant à s'y conformer, le cas échéant.

Recevez, Monsieur le Gouverneur, l'assurance de ma considération très distinguée.

Le Ministre de la Marine et des colonies,

Pour le Ministre et par son ordre :

Le Conseiller d'État, Directeur des colonies,

Baron DE ROUJOUX.

N° 1104. — *DÉPÊCHE concernant l'examen d'une proposition tendant à obtenir l'augmentation du capital de la Banque.*

Paris, le 7 Mars 1862.

Monsieur le Gouverneur,

Dans sa séance du 21 juillet 1861, l'Assemblée générale des Actionnaires de la Banque a, sur la proposition du Directeur, demandé (à l'unanimité moins une voix) que le capital de cet établissement fût élevé de 300,000 francs à 600,000 fr.

Tout en reconnaissant l'insuffisance du fonds social et la nécessité d'accroître les ressources de la Banque, le Conseil privé n'a pas pensé qu'il fût nécessaire de l'augmenter dans une aussi forte proportion, et il lui a paru suffisant de le porter à 450,000 francs.

Mais, avant de se prononcer sur le fond même de cette proposition, il se présentait une question préjudicielle à résoudre, celle de la validité du vote de l'Assemblée générale.

Les statuts de la Banque de la Guyane, non plus que ceux des autres banques coloniales, ne contiennent aucune disposition relative à l'augmentation du capital ; en présence de ce silence absolu, on peut être conduit à se demander si le non consentement d'un seul actionnaire ne suffirait pas pour invalider un vote tendant à augmenter le chiffre du capital. Mais, alors même qu'une mesure de cette importance pourrait être adoptée à la majorité des voix, il semble du moins qu'elle aurait dû être soumise à une assemblée composée des 30 plus forts actionnaires qui, aux termes de l'article 30 des statuts, représentent l'universalité des actionnaires ; or, l'assemblée tenue à Cayenne, le 21 juillet 1864, ne se composait que de 22 actionnaires ne possédant pas même la moitié du capital social ; il semble donc qu'en se fondant sur les termes mêmes des statuts, on pourrait lui contester le droit de représenter l'universalité des actionnaires, et partant d'apporter un changement aussi considérable à la base principale de la société.

En France, toutes les fois qu'il s'agit d'introduire dans les statuts d'une société anonyme des modifications fondamentales non prévues par ses statuts, la jurisprudence du Conseil d'État veut que l'Assemblée générale des actionnaires à laquelle elles sont soumises soit composée d'une manière différente des assemblées ordinaires et périodiques.

Ces diverses considérations m'ont conduit à reconnaître, ainsi que la commission de surveillance des banques coloniales en a exprimé l'avis, que l'Assemblée générale des actionnaires de la Banque de la Guyane, telle qu'elle se trouvait constituée dans sa séance du 21 juillet 1861, n'était pas compétente pour se prononcer sur la question de l'augmentation du capital social, et que le vote qu'elle a émis à ce sujet ne saurait être considéré, dès lors, comme valide. Il conviendra, en outre, toutes les fois qu'il y aurait lieu de délibérer au sujet de l'augmentation du capital de l'une des banques coloniales : 1° que l'Assemblée générale soit convoquée spécialement à cet effet, conformément aux statuts qui ont déterminé les règles à suivre dans le cas où les actionnaires seraient convoqués en Assemblée extraordinaire : 2° qu'elle soit composée du plus grand nombre possible d'actionnaires et que, dans ce but, les intéressés résidant hors de la colonie soient informés de l'objet de la convocation assez à temps pour qu'ils puissent prendre part aux délibérations de l'Assemblée générale, ou s'y faire représenter.

Je vous prie de vouloir bien donner communication de la présente dépêche à M. le Directeur de la Banque.

Le Ministre de la Marine et des colonies,
Comte P. DE CHASSELOUP-LAUBAT.

Pour copie :

Le Conseiller d'Etat, Directeur des colonies,
Baron DE ROUJOUX.

N° 1105. — *CIRCULAIRE portant approbation de l'arrêté local du 27 décembre 1861 concernant la formation mensuelle des mercuriales pour la perception des droits de sortie sur les sucres et la formation de la commission.*

Paris, le 12 Mars 1862.

Monsieur le Gouverneur,

Vous m'avez rendu compte, le 7 janvier dernier, sous le n° 53, des motifs qui vous ont conduit à modifier le procédé qui était en usage à la Réunion pour la formation des mercuriales servant de base à la perception des droits de sortie sur les sucres, représentatifs de l'impôt foncier.

On a fait observer avec raison qu'en prenant pour base de la perception un seul prix moyen pour les sucres de toutes qualités, l'impôt n'était pas proportionnel à la valeur des divers types de sucre, ni à la valeur réelle du revenu foncier. M. le Directeur de l'intérieur proposait la création de deux catégories de sucres, déterminées par l'adoption de deux types dont les prix seraient fournis chaque mois par les agents de change de la Colonie.

Après des appréciations opposées de la Chambre d'Agriculture et de la Chambre de Commerce, le Conseil général de la Colonie a manifesté son opinion, et il a émis l'avis de trois types déterminés d'après la nature même des produits : 1° les sucres cristallisés, cuits dans le vide ; 2° les sucres du type bonne 4e et au-dessus non cristallisés ; 3° les sucres de même nature au-dessous de bonne 4e. Il a pensé en outre, qu'au lieu de demander chaque mois aux agents de change courtiers de commerce le résumé de leurs opérations, il était préférable d'introduire deux de ces officiers dans la commission.

J'approuve les dispositions que vous avez prises

en conséquence et qui font l'objet de votre arrêté du 27 décembre 1861 ; l'adoption de trois types au lieu d'un seul est, à mes yeux, un progrès réel vers la juste proportionnalité de l'impôt avec le produit imposé. J'approuve également la manière dont la commission a été composée et surtout la présence du Contrôleur à ses délibérations; cette présence est pour moi une garantie de plus qu'aucun intérêt ne sera sacrifié et que la fixation des bases de la perception sera faite en conformité des véritables cours de la denrée sur la place.

Recevez, Monsieur le Gouverneur, l'assurance de ma considération très distinguée.

Le Ministre Secrétaire d'État de la Marine et des colonies,

Comte P. DE CHASSELOUP-LAUBAT.

N° 1106. — ***DÉPÊCHE** ministérielle portant approbation de l'arrêté qui augmente l'impôt sur les liqueurs fortes.*

Paris, le 12 Mars 1862.

Monsieur le Gouverneur,

Par lettre du 6 janvier dernier, n° 39, vous m'avez adressé un arrêté local pris par vous, conformément à l'avis du Conseil général, pour modifier la législation relative à l'impôt portant sur les liqueurs fortes et imitations de cognac fabriquées dans la Colonie avec les rhums et tafias du pays.

La modération de taxe accordée à cette industrie était en effet de nature à être détournée du but qui l'avait fait adopter. Sous le bénéfice de cette prime, la fabrication du rhum ou du tafia aromatisé, devait prendre une extension menaçante pour l'industrie guildivière et surtout compromettante pour les revenus que la Colonie et les communes trouvent dans le droit sur la consommation des spiritueux.

Je ne suis donc pas surpris que vous ayez été conduit à prendre des dispositions pour remédier à cet état de choses, et je ne puis qu'approuver la mesure que vous avez proposée au Conseil général, et prise avec son assentiment. Je suis même disposé à penser avec vous que l'écart de 17 centimes par litre que le Conseil général a maintenu au profit de cette industrie et comparativement à la taxe sur le tafia, n'est pas fondé sur des considérations péremptoires, et que si ce genre de liqueurs continue à être plus recherché par les consommateurs que le rhum ou le tafia, rien ne s'opposerait à ce que ceux-ci fussent amenés à le payer un peu plus cher.

Recevez, Monsieur le Gouverneur, l'assurance de ma considération très distinguée.

Le Ministre de la Marine et des colonies,
Comte P. DE CHASSELOUP-LAUBAT.

N° 1107. — *DÉPÊCHE ministérielle relative à l'abbé Tarroux.*

Paris, le 12 Mars 1862.

Monsieur le Gouverneur,

Mgr l'Evêque de Saint-Denis me fait connaître, par une lettre du 4 février dernier, que M. l'abbé Tarroux, prêtre attaché au clergé de la Réunion, a demandé à être admis à faire valoir ses droits à la retraite, à titre d'ancienneté de services, et, par une lettre du 6 du même mois, n° 106, vous avez appuyé cette demande.

Je regrette que vous ne m'ayez pas fait parvenir en même temps, suivant la règle, un mémoire de proposition propre à me mettre à portée de prendre une décision à l'égard de M. l'abbé

Tarroux. J'ai l'honneur de vous prier de m'en faire l'envoi le plus tôt possible ; je statuerai ensuite selon qu'il y aura lieu. Les pièces à produire devront constater la durée des services de M. Tarroux. L'acte de naissance de cet ecclésiastique se trouve dans son dossier au Ministère.

Vous voudrez bien, à cette occasion, faire remarquer à Mgr Maupoint que toutes les fois qu'il s'agit d'une mesure administrative, concernant les membres de son clergé, c'est à M. le Directeur de l'intérieur qu'il doit s'adresser pour la suite à donner. On épargnera ainsi des retards au service et aux ecclésiastiques intéressés.

Recevez, Monsieur le Gouverneur, l'assurance de ma considération très distinguée.

Le Ministre de la Marine et des colonies,

Pour le Ministre et par son ordre:

Le Conseiller d'État, Directeur des colonies,

Baron DE ROUJOUX.

N° 1108. — *CIRCULAIRE au sujet de la conversion de la rente 4 1/2 en rente 3 0/0.*

Paris, le 12 Mars 1862.

Monsieur le Gouverneur,

Vous trouverez, au *Moniteur universel* du 13 février, le texte de la loi relative à la conversion facultative en rente 3 0/0 de la rente 4 1/2 0/0, de la rente 4 0/0 et des obligations trentenaires. Cette loi est accompagnée d'un rapport à l'Empereur, d'un décret impérial et d'un arrêté du Ministre des finances, qui règlent les mesures d'exécution prévues au 2e § de l'article 3.

Bien qu'aux termes de l'article 7 de la dite loi, le délai d'option (entre la conversion immédiate et l'éventualité du remboursement) soit porté à *un an*

pour les propriétaires de rentes qui se trouvent hors d'Europe et d'Algérie, je n'en crois pas moins devoir signaler, dès à présent, à votre attention, des actes qui intéressent la Banque de la Réunion dont le capital est constitué exclusivement en rentes 4 1/2.

Les conditions offertes par l'État aux porteurs de rentes 4 1/2 0/0, on ne saurait se le dissimuler, sont très favorables, puisque moyennant une soulte assez faible, ils peuvent, avec une augmentation certaine de capital, conserver les mêmes revenus; aussi, tous les établissements publics n'ont pas hésité à demander la conversion. C'est ce que nous avons fait pour la caisse des invalides de la marine.

Vous remarquerez d'ailleurs que le fractionnement de la soulte demandée, ainsi que les termes accordés pour son paiement intégral, la bonification d'intérêt concédée aux porteurs, lorsque ceux-ci veulent se libérer par anticipation, constituent une série de dispositions éminemment avantageuses. Enfin, on ne peut se dissimuler que, dans l'hypothèse plus que probable que la plus grande partie des rentes 4 1/2 soit convertie, les porteurs de cette espèce de fonds qui n'auront pas voulu changer leurs titres, seront exposés à un remboursement. La Banque de la Réunion ne saurait manquer de se préoccuper au plus tôt de la situation qui lui est signalée; je vous prie d'en entretenir le Directeur qui invitera, sans doute, son Conseil d'Administration à examiner l'utilité et l'opportunité de la mesure dont il s'agit.

Recevez, Monsieur le Gouverneur, l'assurance de de ma considération très distinguée.

Le Ministre de la Marine et des colonies,

Comte P. de Chasseloup-Laubat.

N° 1109. — *CIRCULAIRE portant communication relative à l'une des formalités requises pour obtenir l'autorisation d'accepter des legs de bienfaisance.*

Paris, le 13 Mars 1862.

Monsieur le Gouverneur,

Il a été fait renvoi à mon Département de deux projets de décrets soumis à l'examen du Conseil d'État et ayant pour objet d'autoriser l'acceptation de legs faits à des établissements de bienfaisance à la Martinique.

Ce renvoi a été motivé sur ce qu'il ne résultait d'aucune des pièces parvenues de la Colonie, que les formalités prescrites par l'article 3 de l'ordonnance du 4 janvier 1831 eussent été accomplies, c'est-à-dire que les héritiers connus ou inconnus du testateur eussent été mis en demeure de donner leur consentement aux legs ou de produire leurs moyens d'opposition.

À défaut de cette formalité dont l'accomplissement est, d'après la jurisprudence du Conseil d'État, exigé d'une manière générale et absolue, je viens d'inviter l'Administration de la Colonie à pourvoir à ce que l'instruction de ces deux affaires soit complétée en ce sens, et à me faire ensuite parvenir les pièces justificatives pour être transmises au Conseil d'État.

J'ai cru devoir vous adresser cette communication afin qu'on n'omette jamais, en pareil cas, dans la Colonie, de justifier de l'accomplissement de la formalité en question.

Recevez, Monsieur le Gouverneur, l'assurance de ma considération très distinguée.

Le Ministre de la Marine et des colonies,

Pour le Ministre et par son ordre :

Le Conseiller d'État, Directeur des colonies,

Baron DE ROUJOUX.

N° 1110. — *DÉPÊCHE ministérielle relative aux dispositions arrêtées pour la mise à exécution de la convention concernant l'immigration indienne.*

Paris, le 26 Mars 1862.

Monsieur le Gouverneur,

Après une enquête minutieuse sur les diverses parties de la question de l'émigration, le Comité consultatif des colonies entendu, je viens d'arrêter les dispositions nécessaires pour l'application générale à nos colonies de la convention conclue avec le Gouvernement anglais le 1er juillet 1861.

J'ai décidé que nos recrutements s'effectueraient, jusqu'à nouvel ordre, sur le territoire anglais, dans les circonscriptions suivantes :

1° Présidence du Bengale;

2° Districts dépendant de la province désignée par les cartes anglaises sous le titre de Northern, division, soit : Kistna, Godavery, Vizapatam, Gandjam et Kesttack;

3° Districts de Chinglopest, Arcot, Nellore, Gemtoor, Kurnoul, Cuddapah, Bellary et la province de Mizore;

4° Ditricts de Salem, Coïmbatour, Trichnapoli, Tanjore, provinces de Maduré et de Trinnivelly,

5° Districts de Cochin, royaume de Travancore, et province de Canara.

Le nombre de ces circonscriptions pourra être plus tard augmenté si les besoins de nos colonies viennent à l'exiger. J'ai désigné, comme agent d'émigration, dans la 1re circonscription, M. Lamouroux, associé de notre ancien agent à Calcutta, M. Camin, qui a participé aux expéditions d'émigrants récemment dirigées de ce port sur la Réunion et qui possède, par conséquent, l'expérience nécessaire pour bien conduire nos opérations.

Pour la 2e circonscription, M. Quillet, négociant, qui a fait longtemps partie d'une maison de commerce à Calcutta, et sur lequel les témoignage les plus favorables ont été fournis. M. Quillet est en ce moment à Paris.

Pour la 3e, M. Erny, négociant à Pondichéry, jouissant de toute considération et proposé par M. le Gouverneur de nos Établissements de l'Inde.

Pour la 4e, M. Hecquet père, négociant de Karikal, et pour la 5e, M. Chatelies, négociant de Mahé, tous deux proposés par M. Durand d'Ubraye et réunissant les qualités propres à la réussite de nos opérations.

Le centre de la 1re circonscription sera établi à Calcutta, celui de la 2e à Yanaon, de la 3e à Pondichéry, de la 4e à Karikal, celui de la 5e à Mahé; c'est seulement par les 5 ports que je viens d'indiquer, que les expéditions d'émigrants devront s'effectuer.

La facilité qu'aura l'agent d'émigration de la 3e circonscription d'étendre ses recrutements sur tout le territoire anglais voisin de Pondichéry, et la proximité du chef-lieu de nos établissements et de Madras, nous dispensent d'établir un centre de recrutement sur ce dernier point.

Chaque agent d'émigration recrutera pour le compte de nos diverses colonies et expédiera à chacune d'elles le nombre d'émigrants qui lui sera demandé par l'Administration coloniale, aux conditions qui seront préalablement arrêtées de concert entre les parties intéressées.

Notre organisation différera donc un peu de celle des colonies anglaises, qui entretiennent chacune un agent dans les divers centres de recrutement et qui autorisent, en outre, (à Maurice du moins, il en est ainsi) les colons à faire recruter pour leur propre compte par un agent spécial.

Nous ne pourrions adopter un pareil système, d'abord parce que la convention du 1er juillet stipule que dans chaque centre de recrutement le Gouvernement français confiera la direction des opérations à un agent de son choix, ce qui exclut l'idée de la pluralité des agents.

La constitution d'une agence unique dans chaque centre présente en outre, à un point de vue général, de bien meilleures garanties que la concurrence. Nous avons la certitude qu'avec un seul agent dépendant du Gouvernement et à tout instant révocable, les opérations seront faites avec impartialité, et que chaque colonie pourra obtenir la satisfaction de ses besoins. Avec la concurrence, au contraire, les produits du recrutement peuvent être, à un moment et sur un point donnés, monopolisés par une seule colonie mieux placée ou plus prospère.

Les colons ne seront point autorisés à entretenir des agents spéciaux recrutant pour leur compte particulier, attendu que ce système a produit des résultats fort contestables, qu'il a été une source d'embarras aux lieux de recrutement, que l'administration anglaise a toujours vu ces agents avec déplaisir, et que nous devrions, pour notre part, nous attendre à de très sérieuses difficultés, si nous avions recours à une manière de procéder qui tend précisément à être abandonnée par les colonies britanniques.

Enfin, l'affectation d'un centre de recrutement déterminé à chacune de nos colonies, m'a paru devoir être au moins provisoirement écartée, attendu que l'expérience n'est pas encore faite sur l'origine des coolies indiens qui peuvent convenir à nos diverses colonies et qu'il me paraît utile que, dans les premiers temps, des expéditions leur parviennent des différentes parties de l'Inde britannique.

Telles sont les principales considérations qui ont motivé l'institution, dans chaque centre de recrutement, d'un agent officiel unique, recrutant pour le compte de nos divers établissements d'outre-mer.

J'ai demandé à M. le Ministre des affaires étrangères de réclamer l'agrément du Gouvernement anglais pour les agents ci-dessus désignés. M. Lamouroux, nommé à Calcutta, a déjà été agréé.

J'ai pris, vis-à-vis de ces agents, certaines garanties pour sauvegarder l'intérêt de nos colonies. Ainsi, j'ai posé en principe que les fonctions qui leur seront confiées, seront essentiellement révocables, et que leur commission pourra leur être retirée, non-seulement dans les cas prévus par la convention (retrait de l'agrément du Gouvernement anglais, suspension ou cessation de l'émigration) mais encore si des plaintes graves étaient portées contre eux et leurs propres agents, et si des colonies avaient à se plaindre de mauvaise gestion ou de négligences habituelles. Dans aucun cas, l'agent ne pourra prétendre à une indemnité quelconque.

J'ai pris, en ce qui concerne la quotité de la prime, une autre garantie. J'ai décidé que la prime qui pourra être exigée par eux pour chaque émigrant *rendu à bord*, ne devra, en aucun cas, excéder un maximum de 60 francs par adulte (sans distinction de sexe) et de 20 francs par enfant de 5 à 10 ans (sans distinction de sexe); les enfants au-dessous de 5 ans ne donneront droit à aucune prestation et tous les frais de recrutement, de dépôt et de visite, toutes délivrances de vêtements, d'objets de couchage, de menus ustensiles, etc., occasionnés par l'opération elle-même ou résultant de l'exécution des règlements locaux, resteront à la charge de l'agent d'émigration.

Toutes autres conditions devront être débattues, de gré à gré, entre les agents d'émigration et les colonies intéressées. Tout ce qui concerne le transport (affrètement, embarquement de médecin, approvisionnement de riz, etc.), devra donc être réglé comme l'entendra chaque colonie, par le système de la libre concurrence, ou au moyen d'une convention particulière que chaque colonie est parfaitement libre de conclure, à sa guise, et avec tel concessionnaire qu'il lui plaira de choisir.

J'ai arrêté, d'ailleurs, que la surveillance supérieure de l'immigration appartiendra à M. le Gouverneur de nos Établissements de l'Inde, et que lorsque les agents d'émigration, saisis d'une ou de plusieurs demandes émanées d'une ou plusieurs colonies, éprouveront quelques difficultés pour donner satisfaction à l'ensemble de ces demandes, dans les délais fixés, ou pour leur assigner un ordre de priorité, ils devront en référer au Gouverneur de nos Établissements et suivre ses instructions, aussi bien en ce qui concerne ce cas spécial, qu'en tout ce qui se rapporte aux conditions de recrutement, au séjour, au dépôt, à l'embarquement des Indiens et à la formation des contingents (article 18 de la convention).

Il vous appartient maintenant de mettre à profit, dans la mesure que vous jugerez convenable, les dispositions que je viens de vous notifier. La convention du 1er juillet 1861 deviendra exécutoire, vous le savez, à partir du 1er juillet 1862. Le recrutement dont les produits devront être exclusivement affectés à la Réunion, du 1er avril au 1er juillet de la présente année, commencera pour le compte commun des colonies, au mois de juillet, et les départs pourront avoir lieu pour nos colonies d'Amérique, dans les conditions de l'article 13 de la convention.

J'invite M. le Gouverneur Durand d'Ubraye à faire prélever sur les produits du recrutement, dans les *divers ports*, 2,000 à 2,500 Indiens qui devront être dirigés sur la Guadeloupe, autant que possible, dans les mois de juillet et d'août, afin que ces contingents puissent parvenir dans la Colonie avant le 1er janvier 1863, et que la dépense puisse être imputée sur l'exercice courant. La Martinique et la Guyane demandant à ne recevoir aucun Indien dans le cours de 1862, et les expéditions ne devant, par conséquent, recommencer, *au plus tôt*, de l'Inde pour ces colonies, qu'à la fin du mois d'octobre prochain, un contingent très considérable d'émigrants pourra, si vous le désirez, être dirigé sur la Réunion. Vous aurez à vous entendre à ce sujet avec les divers agents d'émigration et avec M. le Gouverneur de nos Établissements de l'Inde.

Recevez, Monsieur le Gouverneur, l'assurance de ma considération très distinguée.

Le Ministre de la Marine et des colonies,
Comte P. DE CHASSELOUP-LAUBAT.

N° 1111. — *ARRÊTÉ portant ouverture d'un concours pour le grade d'aide-commissaire de la Marine dans le service colonial.*

Du 2 Avril 1862.

NOUS GOUVERNEUR DE L'ILE DE LA RÉUNION,

Vu le décret impérial du 14 mai 1853, portant organisation du corps du Commissariat de la Marine, et l'arrêté ministériel du 29 octobre de la même année, déterminant les conditions du concours pour le grade d'aide-commissaire dans le cadre colonial;

Vu la circulaire ministérielle du 16 février 1862, n° 55, prescrivant l'ouverture d'un concours aux colonies, deux mois après la réception de la dite circulaire, laquelle est arrivée le 1er avril suivant à la Réunion avec les plis contenant les compositions écrites;

Sur la proposition de l'Ordonnateur,

AVONS ARRÊTÉ ET ARRÊTONS ce qui suit:

Art. 1er. Le concours pour le grade d'aide-commissaire de la Marine dans le cadre colonial, à ouvrir en 1862, aura lieu, en ce qui concerne la Réunion, dans le bureau de l'Ordonnateur, le lundi, 9 juin 1862, et jours suivants.

2. La Commission locale chargée de procéder aux examens est composée, en exécution de l'arrêté du 29 octobre 1853 précité, des fonctionnaires ci-après :

L'Ordonnateur, président ;
Le Contrôleur colonial ;
Un Commissaire-adjoint de la Marine, à désigner ultérieurement ;
Le Procureur impérial ;
Le Directeur du Génie.

3. Le Jury sera assisté, pour l'examen oral, de professeurs des langues anglaise et espagnole, qui auront voix consultative.

4. Les candidats se feront inscrire au Secrétariat du Gouvernement. L'inscription n'aura lieu qu'après remise des diverses pièces exigées.

La liste des concurrents admis sera arrêtée le samedi, 7 juin.

5. Seront admis à concourir les commis de marine ayant deux ans de grade ou réunissant quatre années de service, tant comme écrivain de la Marine que comme commis, et les écrivains ayant quatre ans de service dans le dit emploi.

6. Les examens porteront sur les matières indiquées par l'article 14 du décret du 14 mai 1853 et développées dans le programme y annexé.

7. L'Ordonnateur est chargé de l'exécution du présent arrêté, qui sera enregistré partout où besoin sera et inséré au *Moniteur de la Réunion*.

Saint-Denis, le 2 avril 1862.

Baron DARRICAU.

Par le Gouverneur :

L'Ordonnateur,

DESMAZES.

N° 1112. — *ARRÊTÉ qui promulgue dans la Colonie le décret impérial du* 18 *février* 1862.

Du 3 Avril 1862.

Nous Gouverneur de l'ile de la Réunion,

Vu l'article 9, § 2, du sénatus-consulte du 3 mai 1854;

Vu l'article 63 de l'ordonnance organique du 21 août 1825;

Vu la dépêche ministérielle du 26 février dernier, numérotée 70;

Sur le rapport du Procureur Général,

Avons arrêté et arrêtons ce qui suit:

Art. 1er. Est promulgué dans la Colonie le décret impérial du 18 février dernier, qui nomme M. Legras conseiller à la Cour impériale de la Réunion et M. Sudraud Desisles procureur impérial près le Tribunal de première instance de Saint-Pierre.

2. Le Procureur Général est chargé de l'exécution du présent arrêté, qui sera publié et enregistré partout où besoin sera.

Fait à Saint-Denis, le 3 avril 1862.

Baron DARRICAU.

Par le Gouverneur:

Le Procureur Général,
Justin Beret.

Enregistré à la Cour Impériale, le 4 avril 1862.

Décret.

NAPOLÉON, par la grâce de Dieu et la volonté nationale, Empereur des Français, à tous présents et à venir, salut:

Sur le rapport de notre Ministre Secrétaire d'État au département de la Marine et des colonies, et de notre Garde des Sceaux, Ministre Secrétaire d'État au département de la Justice;

Avons décrété et décrétons ce qui suit:

Art. 1er. Sont nommés:

Conseiller à la Cour impériale de la Martinique, M. Brandela, procureur impérial près le Tribunal de première instance de Saint-Pierre (Réunion), en remplacement de M. Percin, décédé.

Conseiller à la Cour impériale de la Réunion, M. Legras, conseiller-auditeur à la même Cour, en remplacement de M. Debout, décédé.

Procureur impérial près le Tribunal de première instance de Saint-Pierre (Réunion), M. Sudraud Desisles, conseiller-auditeur à la Cour impériale de la Guadeloupe, en remplacement de M. Brandela, nommé conseiller à la Cour impériale de la Martinique.

....

....

2. Notre Ministre Secrétaire d'État au département de la Marine et des colonies, et notre Garde des Sceaux, Ministre Secrétaire d'État de la Justice, sont chargés, chacun en ce qui le concerne, de l'exécution du présent décret.

Fait à Paris, le 18 février 1862.

NAPOLÉON.

Par l'Empereur :

Le Ministre Secrétaire d'État de la Marine et des colonies,

Comte P. de Chasseloup-Laubat.

Le Garde des Sceaux, Ministre Secrétaire d'État de la Justice,

Delangle.

Pour extrait conforme :

Le Conseiller d'État, Directeur des colonies,

Baron de Roujoux.

Vu pour l'enregistrement à la Cour Impériale :

Le Gouverneur,
Baron DARRICAU.

Par le Gouverneur :

Le Procureur Général,
JUSTIN BERET.

N° 1113. — ***ARRÊTÉ*** ***qui convoque le Conseil général en session extraordinaire pour le* 28 *avril* 1862.**

Du 8 Avril 1862.

NOUS GOUVERNEUR DE L'ILE DE LA RÉUNION,

Vu le décret du 26 juillet 1854 concernant l'organisation des conseils généraux des colonies;

Sur le rapport du Directeur de l'Intérieur,

AVONS ARRÊTÉ ET ARRÊTONS :

Art. 1er. Le Conseil général est convoqué en session extraordinaire pour le 28 avril prochain.

2. Le Directeur de l'Intérieur est chargé de l'exécution du présent arrêté, qui sera publié et inséré au *Bulletin officiel* de la Colonie.

Saint-Denis, le 8 avril 1862.

Baron DARRICAU.

Par le Gouverneur :

Le Directeur de l'Intérieur,
CH. DE LAGRANGE.

N° 1114. — *ORDRE de service pour le blanchissage des hamacs de la 4e compagnie disciplinaire, en régie, par les hommes de ce corps.*

Du 16 Avril 1862.

LE COMMISSAIRE DE LA MARINE ORDONNATEUR,

Vu la situation du crédit alloué pour le casernement de la 4e compagnie de disciplinaires, qui n'a permis de comprendre dans la fourniture-hamacs de cette compagnie qu'un hamac au lieu de deux;

Vu l'impossibilité, par suite, de remplacer, même momentanément, les hamacs qui seraient remis au blanchissage;

Attendu qu'il y a avantage, sous le rapport de l'économie et de la promptitude du travail, à ce que le blanchissage des hamacs soit effectué par les disciplinaires eux-mêmes;

DÉCIDE ce qui suit:

A compter de ce jour, le blanchissage des hamacs en service dans la 4e compagnie de disciplinaires sera effectué une fois par mois, par une corvée de disciplinaires et sous la surveillance de l'officier chargé du casernement.

Il sera délivré, à cet effet, sur demande régulière, au capitaine commandant la compagnie:

1° 10 brosses à laver qui seront remplacées après usure et remise au magasin général;

2° 0k 250g de savon par mois et par hamac à blanchir.

Les disciplinaires employés à ce travail devront blanchir au moins 16 hamacs par jour et par homme, et recevront la solde de travail d'ouvriers d'art de 2e classe, fixée par l'arrêté du 27 mars 1862.

Les dépenses occasionnées par ce blanchissage, seront imputées au service colonial, chapitre 1er, article 2, § 10.

Le présent ordre sera enregistré partout où besoin sera et communiqué au Contrôle.

Saint-Denis, le 16 avril 1862.

L'Ordonnateur,
DESMAZES.

N° 1115. — *ARRÊTÉ qui promulgue dans la Colonie le décret du 8 février 1862.*

Du 19 Avril 1862.

NOUS GOUVERNEUR DE L'ILE DE LA RÉUNION,

Vu l'article 9 du sénatus-consulte du 3 mai 1854 qui règle la constitution des colonies;

Vu la dépêche ministérielle en date du 14 février 1862, n° 51;

Sur le rapport du Directeur de l'Intérieur,

AVONS ARRÊTÉ ET ARRÊTONS :

Art. 1er. Est promulgué dans la Colonie, pour être exécuté selon sa forme et teneur, le décret du 8 février 1862, ayant pour objet de garantir, sous certaines conditions, aux employés des douanes coloniales, leur placement en France et de les admettre aux fonctions de Directeur ou d'Inspecteur.

2. Le Directeur de l'Intérieur est chargé de l'exécution du présent arrêté, qui sera enregistré, publié et inséré au *Bulletin officiel* de la Colonie.

Saint-Denis, le 19 avril 1862.

Baron DARRICAU.

Par le Gouverneur:

Le Directeur de l'Intérieur,
CH. DE LAGRANGE.

Vu pour l'engistrement à la Cour Impériale :

Le Procureur Général,
JUSTIN BERET.

Enregistré à la Cour Impériale le 2 mai 1862.

Décret

NAPOLÉON, par la grâce de Dieu et la volonté nationale, Empereur des Français,

A tous présents et à venir, salut :

Vu les ordonnances des 25 octobre 1829 et 16 avril 1837, concernant l'organisation des douanes coloniales;

Sur le rapport de nos Ministres Secrétaires d'Etat au département de la Marine et des colonies et au département des Finances;

AVONS DÉCRÉTÉ ET DÉCRÉTONS ce qui suit :

Art. 1er. Les fonctionnaires et agents des douanes coloniales, après cinq ans de service aux colonies, auront droit à être placés en France ou en Algérie avec le grade dont ils sont pourvus, quel que soit le temps pendant lequel ils auront été employés dans ce grade.

Auront également droit à être placés en France ou en Algérie les fonctionnaires et agents des douanes coloniales que des maladies ou infirmités graves, dûment constatées, mettraient dans l'impossibilité de servir aux colonies jusqu'à l'expiration du terme ci-dessus fixé.

Leur traitement, calculé sur le pied d'Europe, pourra dans ce cas subir une réduction qui ne devra pas toutefois excéder un sixième du dit traitement.

2. Les fonctionnaires et agents des douanes coloniales qui rempliront les conditions déterminées en l'art. 1er, ne seront admis à prendre rang dans les douanes de France et d'Algérie qu'en raison du nombre des vacances qui s'y produiront.

3. Les emplois qui deviendront vacants en France ou en Algérie seront réservés aux fonctionnaires et agents des douanes coloniales dans la proportion de 5 pour cent pour le personnel administratif et de 2 pour cent pour le personnel actif.

4. Les inspecteurs et les directeurs des douanes coloniales pourront être choisis parmi les fonctionnaires servant aux colonies.

5. Sont abrogées toutes dispositions contraires au présent décret.

6. - Nos ministres Secrétaires d'Etat au département de la Marine et des colonies et au département des Finances sont chargés, chacun en ce qui le concerne, de l'exécution du présent décret qui sera inséré au *Bulletin des lois*.

Fait au Palais des Tuileries, le 8 février 1862.

NAPOLÉON.

Par l'Empereur :

Le Ministre de la Marine et des colonies,

Comte P. DE CHASSELOUP-LAUBAT.

Le Ministre des Finances,

FOULD.

Pour copie :

Le Conseiller d'Etat, Directeur des colonies,

Baron DE ROUJOUX.

Pour copie conforme :

Le Directeur de l'Intérieur,

CH. DE LAGRANGE.

Vu pour l'enregistrement à la Cour Impériale :

Le Gouverneur,

Baron DARRICAU.

Par le Gouverneur :

Le Procureur Général,

JUSTIN BERET.

N° 1116.—*ARRÊTÉ qui supprime provisoirement, dans l'entête du* Moniteur de la Réunion, *les mots* « Journal Officiel. »

Du 21 Avril 1862.

NOUS GOUVERNEUR DE L'ILE DE LA RÉUNION,

Vu l'article 42 de l'ordonnance du 21 août 1825;

Vu le décret du 30 avril 1852, sur la presse aux colonies;

Vu le numéro du *Moniteur de la Réunion* du 19 avril 1862, n° 1020;

Considérant que l'Administration ne peut accepter, sous le titre de *Journal officiel*, les articles qui ne sont pas écrits sous son inspiration et dont elle n'a aucune connaissance;

AVONS ARRÊTÉ ET ARRÊTONS:

Art. 1er. Le *Moniteur de la Réunion* supprimera dans son entête les mots: *Journal officiel.* Cette interdiction sera maintenue jusqu'à nouvel ordre.

2. Le titre du journal sera: *Moniteur de la Réunion, paraissant le mercredi et le samedi.*

3. Le Directeur de l'Intérieur est chargé de l'exécution du présent arrêté, qui sera enregistré et inséré au journal *Le Moniteur.*

Saint-Denis, le 21 avril 1862.

Baron DARRICAU.

Par le Gouverneur:

Pour le Directeur de l'Intérieur empêché:

Le Secrétaire Général,
Baron W. DE KEATING.

N° 1117. — *RAPPORT à M. le Gouverneur concernant le* Moniteur.

Saint-Denis, le 25 Avril 1861.

Monsieur le Gouverneur,

Vous savez quelle était la situation du *Moniteur* dans ses rapports avec l'Administration : ce journal avait été chargé de la publication de tous les actes officiels du Gouvernement, et autorisé, en conséquence, à prendre le titre de : *Journal officiel.* Cependant, sa rédaction lui était propre et, sans être hostile ni contraire en général aux vues du Gouvernement, elle n'était point l'expression de sa pensée ; on a été souvent étonné, et à bon droit, de voir figurer dans les colonnes du *Moniteur* tels articles ou telles opinions qui, avec le titre mis en tête du journal, n'auraient jamais dû y trouver place : récemment encore, vous avez reçu une réclamation de M. le Gouverneur de la Guyane qui se plaignait, à juste titre, que l'on se fît juge, dans un journal officiel, des actes de sa propre administration.

De là est résultée une situation anormale qu'il est d'autant plus urgent de faire cesser que le public a pu s'y méprendre et chercher la pensée du Gouvernement dans des articles auxquels il était resté complètement étranger.

Vous avez pensé que, si d'un côté l'Administration voulait laisser une large part à la discussion de ses actes dans les journaux de la colonie, il était de toute justice, d'un autre côté, qu'elle eût un moyen de défense dans le *Journal officiel* et qu'il n'était pas logique de permettre que le Gouvernement, sous le prétexte de l'indépendance du rédacteur du *Moniteur*, eût à se défendre contre des articles insérés dans cette même feuille. Vous avez encore pensé, Monsieur le Gouverneur, qu'il pouvait être quelquefois utile, pour la saine appréciation des actes de l'Administration, que celle-ci pût expliquer et développer sa pensée autrement que dans des rapports ou des communiqués souvent trop laconiques.

Cette position nouvelle que voulait prendre l'Administration devait être nettement et publiquement exprimée : l'Éditeur du *Moniteur*, qui avait d'abord paru disposé à l'accepter, a jugé depuis qu'il n'était ni dans son intérêt, ni dans ses opinions de se conformer aux conséquences qu'elle entraînait pour son journal.

Je n'ai pas à apprécier ici le point de vue auquel M. Lahuppe a cru devoir se placer, pour se refuser à cette combinaison ; mais l'état de choses que je viens de vous signaler ne pouvant se prolonger davantage, j'ai l'honneur de vous proposer de retirer d'une manière définitive au *Moniteur* le le titre de *Journal officiel*.

Les actes officiels cesseraient donc de paraître dans ce journal, pour être à l'avenir insérés dans une feuille spéciale qui prendrait le titre de : *Journal officiel de l'Ile de la Réunion*. Si vous approuvez ces propositions, je vous prierai de vouloir bien donner votre sanction au projet d'arrêté que j'ai préparé à cet effet.

Veuillez agréer, Monsieur le Gouverneur, l'hommage de mon respectueux dévouement.

Pour le Directeur de l'Intérieur empêché :

Le Secrétaire Général,

Baron W. DE KEATING.

N° 1118. — *ARRÊTÉ qui supprime définitivement, dans l'entête du* Moniteur de la Réunion, *ces mots* : « Journal Officiel. »

Du 25 Avril 1862.

NOUS GOUVERNEUR DE L'ILE DE LA RÉUNION,

Vu l'article 12 de l'ordonnance du 21 août 1825 ;

Vu le décret du 30 avril 1852 sur la presse aux colonies;

Vu notre arrêté du 21 avril courant;

Sur le rapport du Directeur de l'Intérieur,

AVONS ARRÊTÉ ET ARRÊTONS :

Art. 1er. Le *Moniteur de la Réunion* supprimera dans son entête les mots : « *Journal officiel.* »

Cette suppression est définitive.

2. Une feuille spéciale sous le titre de : *Journal officiel de l'île de la Réunion*, sera exclusivement consacrée à l'insertion des actes de l'Autorité.

3. Le Directeur de l'Intérieur est chargé de l'exécution du présent arrêté qui sera inséré au *Bulletin officiel* et au *Moniteur*.

Saint-Denis, le 25 avril 1862.

Baron DARRICAU.

Par le Gouverneur :

Pour le Directeur de l'Intérieur empêché :

Le Secrétaire Général,

Baron W. DE KEATING.

N° 1119. — *ARRÊTÉ qui accorde à M. Jules Robert un permis d'établir sur un terrain dépendant des pas géométriques de la commune de Saint-Benoit.*

Du 25 Avril 1862.

NOUS GOUVERNEUR DE L'ILE DE LA RÉUNION,

Vu le décret du 5 août 1839;

Vu les requêtes présentées les 12 février 1859 et 26 septembre 1861 par M. Joseph-Jules Robert, dans le but d'obtenir un permis d'établir sur une portion des pas géométriques de Saint-Benoit;

AVONS ACCORDÉ ET ACCORDONS à M. Joseph-Jules Robert un permis d'établir sur un terrain dépen-

dant des pas géométriques de la commune de Saint-Benoit, situé à la base de sa propriété, entre la rivière Saint-Pierre et la ravine Sèche des Orangers.

Ce terrain, traversé dans toute sa longueur par la route Impériale, est d'une contenance de cinquante-six ares trente centiares, et se trouve borné au Nord par la mer, au Sud par la propriété du permissionnaire, à l'Est et à l'Ouest par le prolongement des pas géométriques.

Le présent permis d'établir est accordé moyennant une redevance annuelle de soixante francs, suivant procès-verbal d'expertise dressé le 8 avril 1862 par MM. Delisle, receveur des domaines, et Th. de Tourris, experts nommés, le premier par l'Administration, le second par M. Robert.

Il est expressément stipulé :

1° Qu'aucune induction ne pourra être tirée, quant à la limite des pas géométriques du côté de la propriété du permissionnaire, ni du présent permis d'établir, ni du plan des lieux ci-annexé, l'Administration se réservant tous ses droits à une délimitation plus avantageuse, s'il y a lieu;

2° Que M. Robert paiera d'avance et en un seul terme chaque année la redevance qui lui est imposée, plus les annuités dues à partir du 12 février 1859, époque à laquelle remonte la demande ainsi que l'occupation ;

3° Qu'enfin il jouira, en bon père de famille, du terrain qui lui est concédé et restera soumis à toutes autres obligations résultant de la législation en vigueur et notamment à celles prévues par les articles 10 et 15 du décret de 1839 précité, relativement au déguerpissement sans indemnité et au chemin dû au public sur le bord de la mer.

Le Directeur de l'Intérieur est chargé de l'exécution du présent arrêté qui sera enregistré partout où besoin sera.

Saint-Denis, le 25 avril 1862.

Baron DARRICAU.

Par le Gouverneur :

Pour le Directeur de l'Intérieur empêché :

Le Secrétaire Général,
Baron W. DE KEATING.

1120. — Par arrêté du Gouverneur en date du 24 avril 1862, la commune de Sainte-Suzanne a été autorisée à acquérir de M. Louis de Tourris, moyennant la somme de deux mille francs, une maison à enlever pour être affectée à l'agrandissement de l'ouvroir du chef-lieu.

1121. — Par arrêté du Gouverneur en date du 26 avril 1862,

Il a été accordé à mesdames Thomassine Bériard et Marie-Thérèse Poitaux, sœurs de la Congrégation de Saint-Joseph, un passage pour la France sur le premier bâtiment de l'État en partance pour cette destination.

N° 1122. — *MERCURIALE des denrées et productions coloniales, d'après laquelle la Douane aura à percevoir les droits de sortie pendant le mois d'avril* 1862.

NATURE DES DENRÉES ET DES PRODUCTIONS DE L'ILE DE LA RÉUNION.	ESPÈCE des unités.	PRIX.	
Denrées coloniales.		F.	C.
Café	les 100 kil.	160	»
Cacao	id.	100	»
Épices diverses. . { Pimens.... Ravensara. }	id.	100	»
Girofle (clous de)	id.	60	»
Girofle (griffes de)	id.	15	»
Macis	id.	225	»
Muscades	id.	100	»
Miel de toute sorte	le litre	1	75
Vanille	le kilogram.	110	»
Sucre premier type	les 100 kil.	58	»
Sucre deuxième type	id.	52	»
Sucre troisième type	id.	27	»
Pommes de terre et oignons	id.	15	»
Légumes secs	id.	25	»
Produits industriels.			
Chocolat	id.	250	»
Huile essentielle de girofle	le litre	3	»
Sacs de vacoa	les 100 sacs	20	»

Fait à Saint-Denis, le 27 mars 1862.

Les Membres de la Commission présents,

Signé : BRIENNE, directeur, CARTIER, GAMIN, BERTHO, HUSSON et LHUILLIER.

Approuvé en séance du Conseil privé, le 29 mars 1862.

Le Gouverneur,
Baron DARRICAU.

Par le Gouverneur :

Le Directeur de l'Intérieur,

CH. DE LAGRANGE

N° 1123. — *MERCURIALE des marchandises étrangères, d'après laquelle la Douane aura à percevoir les droits d'entrée pendant le mois d'avril 1862.*

DÉSIGNATION DES MARCHANDISES.	UNITÉS.	PRIX.	DROITS par navires français.	DROITS par navires étrangers.
		f. c.		
Tortues des Séchelles....	Le kilog.	75	exempt	10 %
Tortues de Madagascar...	La tête	1	Id.	Id.
Gibier, volailles..........	Id.	1 25	Id.	Id.
Dindons et poules d'Inde..	Id.	5	Id.	Id.
Oies....................	Id.	4	Id.	Id.
Canards..................	Id.	2	Id.	Id.
Laine en masse pour matelas	Le kilog.	2	20 %	30 %
Nattes de jonc et d'écorce......	La pièce	3	6 %	10 %
Nattes pour parquets en rotin....	Le m. carré	6	Id.	Id.
Nattes pour parquets en bambou...	Id.	4	Id.	Id.
Nattes Persiennes.... en rotin.....	Id.	6	6 %	Id.
Nattes Persiennes.... en bambou...	Id.	4	Id.	Id.
Nattes fines..................	La pièce	2	Id.	Id.
Nattes communes............	Id.	1	Id.	Id.
Vannerie. — Paniers en rotin à linge................	Id.	12	Id.	Id.
Chaudières de fonte et de potin..................			15 %	25 %
Moulins à égrener.........			Id.	Id.
Pompes en bois non garnies.			Id.	Id.
Voitures à quatre roues riches.....	Id.	3500	20 %	30 %
Voitures à quatre roues ordinaires.	Id.	2500	Id.	Id.
Cabriolets riches.........	Id.	1500	Id.	Id.
Cabriolets ordinaires.....	Id.	1000	Id.	Id.
Objets de collection.......	Id.		1 %	2 %
Babarets en bois laqué, avec dessins en or, du Japon.	Id.		12 %	prohib.
Balais en crins de coco, manche bambou.........	La douzaine	18	Id.	Id.
Bateaux chinois, en racine de bambou, avec sculptures représentant personnages..................	La pièce	30	Id.	Id.
Bateaux en ivoire, représentant les bateaux de plaisance des Chinois........	Id.	100	Id.	Id.
Bandèges en bambou peint.	Le jeu de 3	9	Id.	Id.
Boîtes à whist et jetons en ivoire sculpté.... 1re qualité	La boîte	50	Id.	Id.
Boîtes à whist et jetons en ivoire sculpté.... 2e idem.	Id.	20	Id.	Id.
Boîtes en bois rouge, laquinées, avec sculptures (petites ou moyennes)...	Id.	15	Id.	
Boîtes de coquilages......	Id.	5	Id.	
Boîtes à insectes, cadre en verre, contenant toutes				Id.
				Id.

DÉSIGNATION DES MARCHANDISES.	UNITÉS.	PRIX.	DROITS par navires français.	DROITS par navires étrangers.
		f. c.		
sortes d'insectes.........	La boîte		12 °/o	prohib.
Boîtes recouvertes d'un tissu de soie, contenant peintures, pinceaux, etc.......	Id.	15	Id.	Id.
Boîtes jeux d'enfants, en carton ou bois peint, contenant petits instruments en cuivre, etc...........	Id.	12 50	Id.	Id.
Boîtes à mouchoirs, en bois laqué, dessins de personnages et de fleurs en or...	Id.	15	Id.	Id.
Boîtes à thé en bois laqué, dessins, etc. — ordinaires.		10		
Boîtes à thé en bois laqué, dessins, etc. — à 2 compartiments, riches...	Id.	35	Id.	Id.
Boîtes à thé en bois laqué, dessins, etc. — à 4 compartiments.	Id.	50	Id.	Id.
Boîtes à ouvrage, en bois laqué, dessins en or sur or, garnis en ivoire ou en os.	Id.	60	Id.	Id.
Boîtes communes à ouvrage.	Id.	20	Id.	Id.
Boîtes à cigares, en bois laqué, dessins en or sur or, l'intérieur garni d'une boîte en plomb............	Id.	6	Id.	Id.
Boîtes à jeu, en bois laqué, dessins en or sur or......	Id.	45	Id.	Id.
Boîtes à tabac à fumer, en cuivre, avec incrustations de nacre du Japon.......	Id.	20	Id.	Id.
Boîtes à priser, en cuivre, avec incrustations de nacre du Japon..............	Id.	20	Id.	Id.
Boîtes à francs-maçons, cadres en bois avec incrustations de nacre du Japon..	Id.	60	Id.	Id.
Albums de 12 feuilles....		18	Id.	Id.
Albums de 24 feuilles....		30	Id.	Id.
Boîtes contenant 10 tasses en bois, bois laqué, servant de tasses à thé, avec incrustations de nacre du Japon..................	Id.	30	Id.	Id.
Bonnets de mandarins, toques en velours, garnis en soie, boutons de diverses couleurs...............	La pièce	5	Id.	Id.
Cabarets en laque rouge...	Id.	10	Id.	Id.
Cabinets pour enfants, petites armoires à tiroirs, en				

DÉSIGNATION DES MARCHANDISES.	UNITÉS.	PRIX.	DROITS par navires français.	DROITS par navires étrangers.
bois laqué, avec dessins en or...	La pièce	f. c. 40	12 °/。	probib.
Cages à oiseaux en rotin très fin imitant le fil de fer....	Le jeu de 4	10	Id.	Id.
Chapelets noirs faits en noix de coco du Japon........	La pièce	10	Id.	Id.
Cahiers en ivoire, peints, représentant figures et costumes chinois...........				Id. Id.
Casse-têtes, en bois de sandal, en os ou en ivoire...	Id.	5	Id.	
Cassettes incrustées de pierres de Nankin, représentant des personnages, etc....	Id.	125	Id.	Id.
Colliers en bois de sandal..	Le kilog.	20	Id.	Id.
Corbeilles à pain, en bois laqué, avec dessins en or.............. laque noire.	Le jeu de 3	12	Id.	Id.
laque rouge.	Id.	25	Id.	Id.
Couverts chinois, composés du couteau, des 2 bâtons et de cure-dents en os ou en ivoire................	La pièce	2 50	Id.	Id.
Couteaux à beurre, en ivoire ou en nacre, manche sculpté................	Id.	7 50	Id.	Id.
Cuillers à thé, en bois laqué, avec incrustations en nacre du Japon..........	Id.	1	Id.	Id.
Cuillers à moutarde, en nacre ou en ivoire.........	Id.	2	Id.	Id.
Echiquiers en bois laqué, dessins en or sur or......	Id.	12 50	Id.	Id.
Ecrans en plumes coloriées et à manche d'ivoire......	Id.	6	Id.	Id.
Ecrans en tissus de soie, manche en ivoire sculpté.	Id.	10	Id.	Id.
Encre chinoise............	Les 6 bât.	5	Id.	Id.
Encriers en bois laqué, avec dessins en or...........	La pièce	10	Id.	Id.
Enseignes en bois laqué, avec dessins en or......	Id.	200	Id.	Id.
Etuis en ivoire sculpté, représentant personnages. petits..	Id.	1	Id.	Id.
grands.	Id.	5	Id.	Id.
Eventails de toutes sortes, avec dessins en or sur or. en os.....	Id.	3	Id.	Id.
en plumes.	Id.	8	Id.	Id.
en laque..	Id.	12	Id.	Id.
en sandal.	Id.	15	Id.	Id.
en ivoire..	Id	20	Id.	Id

DÉSIGNATION DES MARCHANDISES.	UNITÉS.	PRIX.	DROITS par navires français.	DROITS par navires étrangers.
Feuilles de bétel peintes et représentant fleurs, oiseaux, personnages, etc.	La boîte	f. c. 6	12 %	prohib.
Feuilles de papier de riz peintes, représentant fleurs, oiseaux, personnages, etc.	Le c. de 12 f.	25	Id.	Id.
Fiches en ivoire et en nacre.	Le jeu	50	Id.	Id.
Fleurs en ivoire..........	La d. de pots	75	Id.	Id.
Jeux d'échecs en ivoire ou en os, simples, non montés sur boules...........	Le jeu	15	Id.	Id.
Jeux d'échecs en ivoire, montés sur boules en ivoire les unes dans les autres.	Id.	80	Id.	Id.
Jeux d'échecs en ivoire (1re grandeur), dits montres.	Id.	400	Id.	Id.
Jeux de fiches en nacre, avec dessins imprimés ou sculptés.....................	Id.	25	Id.	Id.
Jeux de bagues en os ou en ivoire..................	Id.	3	Id.	Id.
Jeux diablotins en os ou en ivoire..................	Id.	3	Id.	Id.
Joss-tick, allumettes composées de sciure de bois et colle de fiente de vache ..	Le kilog.	2 50	Id.	Id.
Joss-tick à odeur sandal, allumettes composées de sciure de bois de sandal et colle de fiente de vache..	Id.	3	Id.	Id.
Instruments de musique (espèce de guitare)..........	La pièce	4	Id.	Id.
Espèce de fauteuils à tiroirs en bambou.............	Id.	30	Id.	Id.
Lanternes chinoises en tissu de soie extrêmement léger, peintures diverses — carrées.	Id.	20	Id.	Id.
Lanternes chinoises en tissu de soie extrêmement léger, peintures diverses........ — rondes.	Id.	5	Id.	Id.
Malles en carton, composition carton peint et verni imitant le cuir..........	Le jeu de 5	40	Id.	Id.
Malles de camphre, en bois de camphre, recouvertes en cuir, pour la conservation des habits et du linge...................	Id.	200	Id.	Id.
Malles de camphre, en bois de camphre, avec coins en cuivre, sans cuir........	Id.	150	Id.	Id

DÉSIGNATION DES MARCHANDISES.	UNITÉS.	PRIX.	DROITS par navires français.	par navires étrangers.
		f. c.		
Mousse du Japon..........	Le kilog.	15	12 %	prohib.
Paniers en écaille travaillée à jour................ ..	La pièce	70	Id.	Id.
Paniers à linge, en petit rotin fendu en plusieurs parties....................	Le jeu de 3	30	Id.	Id.
Parapluies chinois en papier peint et huilé, manches bambou...............	La pièce	3	Id.	Id.
Paravents, bordure en laque, fond en papier... .	Id.	60	Id.	Id.
Petits bateaux faits en noix de coco, et représentant les bateaux des Tancadaires......	Id	5	Id.	Id.
Peignes en écaille (grands et petits)...............	Id.	5	Id.	Id.
Petits magots en pierre tendre et propres à détacher la soie.....'..........	Id.	2	Id.	Id.
Petits animaux en plâtre point...................	Les mille	50	Id.	Id.
Petits garde-manger, l'extérieur garni de paille du Japon..................	La pièce	25	Id.	Id.
Persiennes en rotin très fin, dessins de toutes sortes..		4	Id.	Id.
Peintures sur papier de riz.	La feuille	2 50	Id.	Id.
Petits plateaux pour bouteilles, en bois laqué, dessins en or..............	La pièce	2	Id.	Id.
Pipes chinoises, tuyaux en bambou et rotin, pipes composition étain, cuivre, etc.....................	Id.	2	Id.	Id.
Plateaux pour plats, en rotin tissé très fin........	Le jeu de 4 ou 5	5	Id.	Id.
Plateaux pour plats, en bois laqué avec dessins en or sur or..................	Id.	60	Id.	Id.
Porte-cartes de visites en écaille imprimée et incrustée, intérieur garni en soie....................	La pièce	10	Id.	Id.
Porte-cartes de visites en ivoire sculpté..........	Id.	10	Id.	Id.
Porte-cartes de visites en nacre plaquée et incrustée.	Id	5	Id.	Id.
Porte-cartes en laque, avec dessins en or sur or......	Id		d.	Id

DÉSIGNATION DES MARCHANDISES.	UNITÉS.	PRIX.	DROITS par navires français.	DROITS par navires étrangers.
Porte-montres en bois laqué et dessins or sur or......	Le jeu de 4 ou 5	8	12 %	prohib.
Porte-joss-tick, sorte de bateaux en bois laqué contenant allumettes, intérieur garni de plomb.........	Id.	3	Id.	Id.
Porte-éventails en carton, extérieur garni en soie brodée................	Id.	2	Id.	Id.
Porte-tabac en carton, extérieur garni en soie brodée...................	Id.	5	Id.	Id.
Porte-cigares communs.	La pièce	3	Id.	Id.
Porte-cigares fins.......	Id.	10	Id.	Id.
Poupées représentant des petits Japonais..........	Id.	5	Id.	Id.
Pupitres en bois laqué, dessins en or sur or.. pour dames..	Id.	30	Id.	Id.
Pupitres en bois laqué, dessins en or sur or.. pour hommes.	Id.	50	Id.	Id.
Pupitres en bois de racine, garniture extérieure en cuivre.................	Id.	60	Id.	Id.
Sacoches en ivoire, porte-flacons d'odeurs sculptés à jour....	Id.	20	Id.	Id.
Semainiers en ivoire, travaillés à jour et sculptés..	Id.	100	Id.	Id.
Semainiers en bois de sandal, avec incrustations riches...................	Id.	75	Id.	Id.
Semainiers en bois laqué avec incrustations riches.	Id.	12 50	Id.	Id.
Souliers chinois imitant les pieds des femmes chinoises, faits en plâtre et recouverts de soie.........	La paire	5	Id.	Id.
Tables en bambou........	Le jeu de 6	10	Id.	Id.
Tabatières en écaille, avec incrustations représentant personnages............	La pièce	30	Id.	Id.
Tables-guéridons en bois laqué, dessins or sur or. Les tables entrent les unes dans les autres..........	Le jeu de 4	30	Id.	Id.
Tables à échiquier, avec dessins or très riches, garnies de nacre, pour les jetons..	La pièce	225	Id.	Id.
Tables à thé, en bois laqué, dessins en or sur or......	Id.	60	Id.	Id.

DÉSIGNATION DES MARCHANDISES.	UNITÉS.	PRIX.	DROITS par navires français.	DROITS par navires étrangers.
		f. c.		
Tables à ouvrage, en bois laqué, dessins or sur or..... 1re qualité.	La pièce	175	12 °/o	prohib.
Tables à ouvrage, en bois laqué, dessins or sur or..... 2e idem..	Id.	100	Id.	Id.
Tableaux, intérieurs chinois, peintures sur toile représentant personnages, etc....................	Id.	20	Id.	Id.
Tableaux, vues de Canton, Macao, Boca, Tigris, etc., peintures sur toile.......	Id.	20	Id.	Id.
Tableaux, paysages chinois.	Id.	20	Id.	Id.
Tableaux sur verre, encadrement en bois sculpté..	Id.	10	Id.	Id.
Tableaux en paille de couleur, cadres en bois laqué du Japon...............	Id.	125	Id.	Id.
Vide-poches en écaille ou ivoire, sculptés à jour....	La paire	30	Id.	Id.
Toiles et percales blanches et écrues.... Conjons Nos 14	La pièce de 31 à 33 mètres et au-dessous.	22	20 °/o	Id.
Toiles et percales blanches et écrues.... Conjons 16		22	Id.	Id.
Toiles et percales blanches et écrues.... Conjons 18 et 19		22	Id.	Id.
Toiles et percales blanches et écrues.... Conjons 23		30	Id.	Id.
Toiles et percales blanches et écrues.... Conjons 26		30	Id.	Id.
Toiles et percales blanches et écrues.... Conjons 30		40	Id.	Id.
Toiles et percales blanches et écrues.... Conjons 36		50	Id.	Id.
Toiles et percales blanches et écrues.... Écrues.....	La p. de 15 à 16 m.	7	Id.	Id.
Filature blanche et écrue..	Id.	6	Id.	Id.
Salem-poor.............	Id.	7	Id.	Id.
Percale bleue, dite *sandercana*...................	La p. de 8m et au-dessous.	4 50	Id.	Id.
Percale bleue ordinaire....			Id.	Id.
Toiles à carreaux..........	La p. de 15 à 16 m.	5	Id.	Id.
Mouchoirs dits *burgos*.....	La p. de 8 m.	2	Id.	Id.
Pantalons et chemises de toile grossière, servant au vêtement des travailleurs.	La pièce	1 50	Id.	Id.
Toiles à voiles, de coton...	Le mètre	0 70	Id.	Id.
Guinées ou toiles bleues Filature.....	La p. de 15 à 16 m.	12 50	12 °/o	Id.
Guinées ou toiles bleues Salem.......	Id.	8	Id.	Id.
Guinées ou toiles bleues Oréarpoléon.	Id.	8	Id.	Id.
Guinées ou toiles bleues Conjons.....	Id.	10	11	Id.
Meubles.. Fauteuils à dossier renversé, de Pondichéry.	La pièce	20	10 °/o	Id.
Meubles.. Fauteuils droits	Id.	15	Id.	Id.
Meubles.. Chaises.......	Id.	6	Id.	Id.

DÉSIGNATION DES MARCHANDISES.	UNITÉS.	PRIX.	DROITS	
			par navires français.	par navires étrangers
		f. c.		
Tabourets................	La pièce	4	10 %	prohib.
Jouets d'enfants...........	Id.		Id.	Id.
Pantoufles de Pondichéry..	La paire	40	12 %	Id.
Peaux de cabri de Pondichéry........	Les 100	75	6 %	
Peaux de mouton de Pondichéry........	Id.	45	Id.	

Fait à Saint-Denis, le 27 mars 1862.

Les Membres de la Commission présents,

Signé : Brienne, directeur, Cartier, Gamin, Bertho, Husson et Lhuillier.

Approuvé en séance du Conseil privé, le 29 mars 1862.

Le Gouverneur,

Baron DARRICAU.

Par le Gouverneur :

Le Directeur de l'Intérieur,

Ch. de Lagrange.

N° 1124. — NOMINATIONS, PROMOTIONS ET MUTATIONS.

Évêché.

— Par décision du 26 avril 1862, M. l'abbé Le Calvez a été nommé vicaire à Saint-André.

Administration Militaire.

— Par décret du 27 décembre 1861, la médaille militaire a été accordée au sieur Droz, caporal à la 4e compagnie disciplinaire des colonies.

— Par décret du 12 mars 1862, la médaille militaire a été accordée au sieur Briard, gendarme à la Réunion.

— Par décret du 16 mars 1862, la médaille militaire a été accordée au sieur Louvet, caporal à la compagnie indigène d'ouvriers du Génie.

— Par arrêté du Gouverneur en date du 4 avril 1862, M. Quinel, capitaine commandant la 4e compagnie disciplinaire, est nommé juge au 2e conseil de guerre, en remplacement de M. Vailly, capitaine d'infanterie de marine.

— Par arrêté du Gouverneur en date du 9 avril 1862, M. Bridet, lieutenant de vaisseau, est nommé juge au 2e conseil de guerre, en remplacement de M. le capitaine Quinel, pour l'affaire du nommé Vésuve.

— Par arrêté du Gouverneur en date du 10 avril 1862, ont été nommés dans la milice de Saint-Leu :

Au grade de Lieutenant :

M. Raux (Adalbert) sous-lieutenant.

Au grade de Sous-Lieutenant :

M. Roullin (Ernest), sergent major.

— Par arrêté du Gouverneur en date du 14 avril 1862, la démission de M. Poudroux (Victor), sous-lieutenant de la milice de Saint-Louis, est acceptée.

— Par arrêté du Gouverneur en date du 15 avril 1862, M. Guiton, maréchal-des-logis d'artillerie, est nommé commis-greffier près le 1er conseil de guerre.

— Par arrêté du Gouverneur en date du 23 avril 1862, ont été nommés dans la milice de Saint-Louis :

Au grade de Lieutenant :

MM. Payet (Simon), sous-lieutenant;
Bouquet (Jules), sergent-major.

Au grade de Sous-Lieutenant :

MM. Payet (Larose), sergent;
Picard (Jean-Baptiste), sergent.

— Par arrêté du 27 avril 1862, M. Fiteau, chef de bataillon des milices, mis à la suite en 1858, est rappelé au service actif pour prendre le commandement de la milice de Saint-Paul.

Administration de la Marine.

— Par dépêche du 14 mars 1862, n° 95 (Colonies, 4e Bureau), Son Excellence le Ministre de la Marine et des colonies a accordé une prolongation de congé de trois mois à M. Grélot (Thomy), commis de marine.

— Par dépêche du 21 mars 1862, n° 109, (Colonies, 4e Bureau), Son Excellence le Ministre de la Marine et des colonies a approuvé le congé de convalescence accordé à M. Laugaudin, chirurgien principal de la Marine, par arrêté du Gouverneur en date du 2 février 1862.

— Par ordre de service pris par l'Ordonnateur de concert avec le Directeur de l'Intérieur le 2 avril 1862, le sieur Pellier (Eugène) est nommé aux fonctions de syndic de pêche à la Saline (commune de Saint-Pierre) en remplacement du sieur Orré, décédé.

— Par ordre de service de l'Ordonnateur, du 9 avril 1862, M. Dodu (Charles), écrivain de la Marine, est appelé à servir au Magasin du matériel et des vivres.

— Par ordre de service de l'Ordonnateur, du 9 avril 1862, M. Doublet (Eugène), écrivain de la Marine, employé au magasin du matériel et des vivres, passe au Secrétariat de l'Ordonnateur.

— Par ordre de service de l'Ordonnateur, du 9 avril 1862, M. Grenier (Aristide), écrivain temporaire de la Marine, est porté de 1,200 fr. d'appointements par an à 1,500 francs.

— Par ordre de service de l'Ordonnateur, du 21 avril 1862, M. Lefol (Aristide), commis de marine, est attaché au détail des Revues et Armements à Saint-Denis.

— Par ordre de service de l'Ordonnateur, du 30 avril 1862, M. Gaubert (Fortuné), chirurgien de la Marine de 3e classe, arrivé de France sur le *Mont-Riant*, est mis à la disposition de M. le Chef du service de santé.

Administration de l'Intérieur.

— Par décision ministérielle en date du 28 janvier 1862, M. Frédéric Delagrange a été nommé à un emploi de sous-chef de bureau de 1re classe à la Direction de l'Intérieur de la Réunion.

— Par décision ministérielle en date du 1er février 1862, M. Charles Lefèvre, conducteur embrigadé de 4e classe, a été nommé ingénieur colonial à la Réunion.

— Par décision de S. Exc. le Ministre de la Marine et des colonies en date du 1er mars 1862, M. Morinot, lieutenant des Douanes à Saint-Denis, a été élevé à la 2e classe de son grade.

— Par dépêche ministérielle en date du 14 mars 1862, n° 96, le congé accordé à M. Bosse, commissaire de police principal à la Réunion, a été approuvé.

— Par décision de S. Exc. le Ministre de la Marine et des Colonies en date du 14 mars 1862, ont été nommés :

1° M. Arnoux (Désiré), à un emploi de sous-chef de bureau de 2e classe à la Direction de l'Intérieur.

2° MM. Drouhet, Vergès, Pinelli et Magenties, à des emplois de commis à la même Direction.

— Par dépêche ministérielle en date du 21 mars 1862, n° 108, il a été accordé à M. Gontier, 1er commis de Douanes à la Réunion, une prolongation de congé de 3 mois.

— Par arrêté du Gouverneur en date du 1er avril 1862, M. Cabanes (Jean-Marie-Félix-Bernard), conducteur de 2e classe des ponts-et-chaussées, est promu à la 1re classe de son grade.

MM. Rieul (Évariste) et Payet (Denis), conducteurs de 3e classe du même service, sont promus à la 2e classe de leur grade.

— Par arrêté du Gouverneur en date du 1er avril 1862, M. Pépin, commis d'économat, est chargé par intérim des fonctions d'économe au Lycée Impérial, pendant l'absence de M. Oudin.

— Par arrêté du Gouverneur en date du 4 avril 1862, M. Grenier (Antoine) est nommé élève en chirurgie à l'Hôpital colonial, à compter du 1er avril 1862, aux appointements de 1,800 francs par an.

— Par décision du Directeur de l'Intérieur en date du 4 avril 1862, M. Macquary (Léon) est nommé élève en chirurgie à l'Hôpital colonial, à compter du 1er avril 1862, aux appointements de 600 francs par an.

— Par décision du Directeur de l'Intérieur en date du 10 avril 1862, la démission offerte par M. Savary, maître de gymnastique et d'escrime au Lycée Impérial, est acceptée, à compter du 1er avril 1862.

— Par arrêté du Gouverneur en date du 10 avril 1862,

Il est accordé à M. Domengé (Philippe), maître élémentaire au Lycée Impérial, un congé de convalescence pour la France dont la durée sera déterminée par S. Exc. le Ministre de la Marine et des colonies.

— Par arrêté du Gouverneur en date du 12 avril 1862, MM. Gamin (Léopold) et Maureau (Charles), négociants, sont nommés membres de la Chambre de Commerce, en remplacement de MM. Lebeaud (Charles) et Lenoble (Octave), démissionnaires.

MM. O'Toole, A. Dor et Ch. Parent, membres sortants, sont nommés de nouveau membres de la Chambre de Commerce.

— Par arrêté du Gouverneur en date du 17 avril 1862, M. Lebreton (Félix-Eugène), né le 20 novembre 1816, capitaine d'infanterie de la Marine en retraite, est nommé sous-inspecteur des Eaux et Forêts, en remplacement de M. Wickers (Émile), appelé à d'autres fonctions.

— Par arrêté du Gouverneur en date du 21 avril 1862, MM. Adamolle (Charles-Joseph), Dussac (Jean), et Desvallons (Eugène fils) sont nommés membres du Conseil municipal de Saint-Leu, en remplacement de MM. de Chanvalon, Jean-Baptiste Hibon, démissionnaires, et Julien Noël, décédé.

— Par arrêté du Gouverneur en date du 29 avril 1862, sont nommés :

Président de la Société de Secours mutuels établie à Saint-Denis :

M. Gillonet.

Vice-Présidents :

MM. Vital Delval,
Lioto (Aristide).

Administration de la Justice.

— Par arrêté du Gouverneur en date du 17 avril 1862, M. Harley de Toulguengat de Treffry fils, commis-greffier de la Justice de Paix de Saint-André, est nommé provisoirement greffier près la Justice de Paix du canton de Sainte-Suzanne, en remplacement de M. Bache (Amédée), décédé.

ERRATUM.

Bulletin officiel de février 1862, page 75 : à la suite de l'ordre de service n° 1042, ajoutez :

Approuvé :

Le Gouverneur,

Baron DARRICAU.

CERTIFIÉ CONFORME :

Le Contrôleur colonial,

DESROBERT.

www.ingramcontent.com/pod-product-compliance
Ingram Content Group UK Ltd.
Pitfield, Milton Keynes, MK11 3LW, UK
UKHW021000180726
13838UKWH00003B/1406